Inhalt

Virtual Private Networks (VPN)

Kernthesen

Beitrag

Fallbeispiele

Weiterführende Literatur

Impressum

GENIOS WirtschaftsWissen Nr. 07/2003 vom 15.07.2003

Virtual Private Networks (VPN)

M.Westphal

Kernthesen

- Für weltweit tätige Unternehmen gewinnt die Übertragung von Daten, Sprache und Video über virtuelle private Netzwerke (VPN) an Bedeutung.
- Die Einrichtung von einem Virtuellen Privaten Netzwerk (VPN) ermöglicht es den Nutzern über jede Telefondose oder jedes Wireless LAN auf ihren Arbeitsplatz zuzugreifen über eine sichere Verbindung.
- Über VPN können sichere und kostengünstige unternehmensweite Netzwerke aufgebaut werden, die sich das öffentliche Netz (Internet) zu Nutze machen.

- Die Einrichtung eines VPN ist problemlos und inzwischen insbesondere auch für kleinere und mittelgroße Unternehmen erschwinglich.

Beitrag

Für weltweit tätige Unternehmen gewinnt die Übertragung von Daten, Sprache und Video über private virtuelle Netzwerke (VPN) an Bedeutung.

Immer mehr multinationale (und neuerdings verstärkt auch kleinere und mittelständische) Unternehmen nutzen Virtuelle Private Netzwerke (VPN), um ihre Standorte schnell und sicher zu verbinden. Multinationale Unternehmen können ihre Ressourcen und Prozesse optimieren, indem sie eine Technologie einsetzen, die in den letzten Jahren deutlich an Popularität gewonnen hat. Die zunehmende Globalisierung zeitkritischer Geschäftsprozesse forciert diesen Trend, zumal bereits heute durch WAN (Wide Area Network) etwa 90 Prozent des Datenverkehrs über IP übertragen

werden.
Im WAN entscheiden sich immer mehr Unternehmen für kostensparende Voice over IP-Lösungen (s. entsprechendes Knowledge Summary). Eine solche Lösung erlaubt auch das Abhalten von Videokonferenzen zwischen internationalen Standorten. Vernetzen die Unternehmen jetzt noch ihre verschiedenen Standorte über VPN-Technologie und damit das Internet, werden die Unternehmen von den monatlichen Gebühren für Standleitungen entlastet.

Die Einrichtung von einem Virtuellen Privaten Netzwerk (VPN) ermöglicht es den Nutzern über jede Telefondose oder jedes Wireless LAN auf ihren Arbeitsplatz zuzugreifen über eine sichere Verbindung.

In dieser Situation hat sich wohl jeder schon mal befunden: Man hat sich im Hotel das Frühstück auf das Zimmer bringen lassen, um sich auf dem Laptop noch einmal in Ruhe die Powerpoint-Präsentation für das morgendliche Meeting anzuschauen. Nur, man hat am Tage zuvor vergessen, diese Präsentation auf den Laptop zu überspielen. Sofern man ein Virtuelles Privates Netzwerk (VPN) eingerichtet hat, kein Problem. Der Laptop wird einfach an eine Telefonbuchse angeschlossen oder in einem Hotspot über Wireless LAN in das Internet eingeloggt und schon kann man über das Netz auf den eigenen Arbeitsplatz zugreifen und sich die Datei noch einmal herunterladen. Und der Clou ist, diese Übertragung geschieht kodiert, die Daten werden wie durch einen Tunnel im Internet sicher, also vollkommen abhörsicher, weitergeleitet. Der sichere Empfang und das Absenden von E-Mails, der Abgleich des Terminkalenders und die Fernbedienung der Warenwirtschaftssysteme kann von Datendieben nicht mehr abgehört werden, denn sie empfangen bei dem Anzapfen einer solchen VPN-Verbindung nur Kauderwelsch, an dem sich jeder Hacker die Zähne ausbeißt.

Über VPN können sichere und kostengünstige unternehmensweite Netzwerke aufgebaut werden, die sich das öffentliche Netz (Internet) zu

Nutze machen.

Die Hauptanforderung an ein ideales Netz ist die erlaubte und uneingeschränkte Verbindung von jedem Gerät zu jedem anderen für alle multimedialen Dienste.
Das VPN nutzt dazu das Internet, um Sprachen, Daten, Internet und Video über nur einen Anschluß zu verbinden. Praktisch kann ein VPN über ein öffentliches Netz wie aber auch ein geschlossenes Netzwerk realisiert werden.
Das VPN ist ein verschlüsseltes Netz, welches Computer über das Internet zusammenschließt. Die Nutzung erfolgt wie bei einer lokalen Verbindung der Rechner über Standleitung. Diese Virtualität ermöglicht zum Beispiel auch die Zusammenarbeit einer Bürogemeinschaft, deren Mitglieder auf verschiedene Standorte verteilt sind, die aber gemeinsam an einem Projekt arbeiten und auf die Dateien und Programme der anderen Rechner zugreifen.
(1)

Die Möglichkeiten, die sich durch VPN für private wie geschäftliche Anwender ergeben, sind unzählig, denn es bietet sich nicht nur der reine Austausch von Daten an. So kann damit jeder ein Backup seiner Arbeit auf dem Rechner eines Freundes ablegen und die Daten wären nicht verloren, wenn sogar das Haus

abbrennen würde.
Ebenso können Spielefans mit VPN Multiplayer-Games spielen, die nur in lokalen Netzen laufen. Dank VPN ist es nicht mehr nötig, dass die Spieler im gleichen Gebäude sitzen, sondern sie können bequem über das Internet spielen.

Die Forderung sowie Auswahlkriterien vieler Unternehmen bei dem Aufbau von unternehmensweiten Netzwerken, bestehen in den Punkten Kosten und Sicherheit. Ein VPN gilt in der Regel als kostengünstigste Alternative, eine schnelle und vor allem auch sichere Verbindung zwischen den einzelnen Büros untereinander sowie den Niederlassungen und der Unternehmenszentrale herzustellen.
Um ein Privatnetz im Internet zu spinnen, nutzen VPN-Systeme ein ausgeklügeltes Verfahren. Ein Stück Hard- oder Software verschlüsselt an beiden Enden der Leitung die Daten. Der Nutzer loggt sich per Passwort oder Smartcard ein. Die Geräte vereinbaren daraufhin vollautomatisch untereinander einen Code, um sämtliche übertragenen Informationen zu verbergen.
Die Idee, die hinter einem VPN steht, ist, das Internet-Backbone für Verbindungen zwischen zwei oder mehreren Orten zu nutzen. Insbesondere durch die inzwischen breite Einführung von DSL eröffnet sich neben den bisherigen Verbindungsoptionen wie

ISDN oder Mietleitungen eine neue vielversprechende Option.
Schon Mitte der 90er Jahre interessierten sich viele Unternehmen für die Einführung IP-basierter VPNs, die sich das öffentliche Internet als Transportplattform nutzbar machen. Diese versprachen eine kostengünstige Alternative zur Standortvernetzung. Mit ATM (Asynchronus Transfer Mode) als Übertragungstechnik und standardisierten Übertragungsprotokollen wie MPLS (Multiprotocol Label Switching) im Kernnetz lassen sich Bandbreiten und Datendurchsatzraten erzielen, die denen von Standleitungs-VPNs entsprechen können. Dazu kommt die hohe wirtschaftliche Attraktivität solcher Form der Datenkommunikation, da im Idealfall bis zu 70 Prozent gegenüber einem Standleitungsnetz eingespart werden können.
Bei der Nutzung des MPLS-Protokolls ergibt sich darüber hinaus der Nutzen der erhöhten Sicherheit. Bei der Nutzung öffentlicher Leitungen ist ein MPLS VPN-System für die Aussenwelt praktisch unsichtbar im Gegensatz zum herkömmlichen VPN.
Die Verbindungslücke zwischen Standort und VPN-Kernnetz wird jetzt endlich durch die flächendeckende Einführung von DSL-Technologie ermöglicht, die Transferraten von bis zu 2,3 Mbit/s sowohl für Down- als auch Uploads ermöglichen können.
Ein DSL-VPN-Modell bietet sich insbesondere für

Unternehmen an, die über eine große Anzahl von angeschlossenen Niederlassungen oder Tochterfirmen verfügen. Diese Technologie kann leicht Any-to-Any-Verbindungen, lokale Internet-Zugänge und zusätzliche Verbindungen zum Zentralstandort erstellen. (2)

Die Einrichtung eines VPN ist problemlos und inzwischen insbesondere auch für kleinere und mittelgroße Unternehmen erschwinglich.

Auch in einem virtuellen Netz muss es einen Computer geben, der die Rolle oder Funktion des Servers übernimmt und damit den anderen Rechnern den Zugang zum VPN bereitstellt. Dieser "Server" stellt dann die Schnittstelle zwischen einem normalen Netzwerk und dem virtuellen Netz, das über das Internet geknüpft wird, dar. Sogar bei dem "Minimalnetz" von nur zwei Personalcomputern, muss einer dieser beiden als Server eingerichtet sein. Dieser Rechner ist über einen Internetanschluß, gegebenenfalls per DSL-Zugang und Pauschaltarif rund um die Uhr, erreichbar.

Für die "Client"-VPN-Teilnehmer kann sich ein Problem ergeben, wenn sie über große Internetprovider wie AOL oder T-Online ins Web gehen, in diesen Fällen haben sie nämlich wechselnde IP-Adressen, die man dann händisch eingeben bzw. den anderen Teilnehmern mitteilen muß. Selbstverständlich gibt es neben der Möglichkeit über das Telefon auch die Möglichkeit, seinem VPN-Server einen DNS-Namen zuzuweisen. Somit kann der Rechner jederzeit über eine Webadresse kontaktiert werden, wie man es vom Browser gewohnt ist. Derartige Dienste werden von zahlreichen Anbietern sogar kostenlos angeboten. Ein Verzeichnis dieser Anbieter gibt es unter: www.technopagan.org/dynamic. (1)

Die Vorteile für Unternehmen in der Nutzung von VPN-Technologie besteht insbesondere darin, dass dank geteilter Hardware-Infrastruktur und geringerem Personaleinsatz diese deutlich kostengünstiger sind gegenüber Netzen, die über Frame Relay betrieben werden und das bei gleicher Sicherheit.

Neben verschiedenen Herstellern, die Software für die Einrichtung von VPN anbieten, können Besitzer von Personalcomputern mit dem Betriebssystem XP und Windows 2000 ihr Netzwerk problemlos einrichten wie einen Webzugang. Vereinfacht wird die Nutzung, sofern ein breitbandiger Internetanschluss über DSL besteht, dieser ist für die Nutzung eines VPN aber nicht Voraussetzung. Lösungen, die es kleineren Betrieben ermöglichen, sicher über das Internet zu kommunizieren und dabei auch noch Kosten zu sparen gibt es unter anderem auch von der Firma AVM zu Preisen ab 100 Euro. Auch für PDAs gibt es inzwischen VPN-Client-Software, die nun auch Wireless LANs, GSM, ISDN und GPRS-Netze unterstützt.

Fallbeispiele

Die Lufthansa bietet ihren Kunden neben einem drahtlosen Internetzugang über Wireless LAN auch die Möglichkeit, eine sichere Verbindung zum Intranet ihres Unternehmens über Virtual Private Network aufzubauen. (5)

Es gibt Probleme mit dem Centrino-Chipsatz von Intel bei der Nutzung von VPNs. Dieser für Notebooks konzipierte Chipsatz, der den Stromverbrauch mobiler Geräte senken soll, sowie das Zusammenwirken mit Wireless LAN-Komponenten vereinfachen soll, ist laut Berichten von Nortel Networks für zahlreiche

Abstürze unter Windows XP verantwortlich, sofern VPN genutzt wird. Laut Intel drohe die Gefahr dieser Bluescreen-Systemabstürze im Zusammenhang mit Intel Centrino Chips nur bei der Verwendung des VPN-Clients von Nortel Networks, installierter Intel "Proset"-Software sowie eingeschalteter Switching-Funktion (automatische Umschaltung zwischen verschiedenen Wireless LAN). Intel betont darüber hinaus, dass die Gefahr der Systemabstürze nur bei der Nutzung von Notebooks eines bestimmten OEM-Herstellers, dessen Name Intel nicht nennen möchte, besteht.
Analysten der Meta Group sehen in dieser Art der Behandlung des Centrino/VPN-Problems ein Armutszeugnis für die Hersteller. Die Sicherheitsbedürfnisse der Unternehmenskunden würden von den Herstellern einfach nicht ernst genommen. Dieses ist umso markanter, als die zahlreichen Anbieter bisher unisono VPNs als eine Möglichkeit propagiert hätten, um über Wireless LANs eine sichere Verbindung zu den Corporate Networks aufzubauen. (6)

Der Ettinger Motorradhändler Sven März hat keine Angst vor Hackern, die über das Internet seine Lieferantenkonditionen, Passwörter und Geschäftsdokumente auspähen könnten. Er schützt sich bei allen Zugängen von unterwegs durch sein

VPN, welches jetzt auch für kleinere Unternehmen eine kostengünstige Alternative darstellt, da es zahlreiche Anbieter gibt, die erschwingliche und trotzdem sichere Kleinlösungen vertreiben. (3)

Die IT-Abteilung der Heidelberger Zement realisierte die Sicherheit im Netz mittels der Einrichtung eines VPN innerhalb von rund drei Tagen. Das VPN stellt hier eine private Leitung innerhalb des öffentlich zugänglichen Internets dar. (7)

Ein häufiges Problem besteht darin, dass die Geschäftsprozesse verlangen, einzelne User, die außerhalb des VPN sind, adhoc an dieses anzubinden, aber unter Beibehaltung des gleichen Sicherheitsniveaus. Die Anbindung von Remote-Usern erfordert in der Regel die Installation einer Client-Software auf jedem Gerät, um eine sichere Kommunikation über das Internet zu ermöglichen. Somit ist die Flexibilität stark eingeschränkt.
Hierzu gibt es eine neue Lösung von Netilla Networks. Diese Linux-basierte VPN-Service-Plattform in Form einer Appliance verschlüsselt die Kommunikation über SSL-Verschlüsselung. Es handelt sich hierbei um ein zweischichtiges Protokoll, welches auf dem Transportprotokoll TCP aufsetzt und somit von vielen Standardapplikationen, Webbrowsern und Servern unterstützt wird. Die Installation eines Clients erübrigt sich damit. (8)

Weiterführende Literatur

(1) Tunnel durchs Web Virtuelle Private Netzwerke verbinden Computer abhörsicher über das Internet. So klappt die Einrichtung mit Windows
aus FTD Financial Times Deutschland vom 21.05.2003, Seite 28

(2) Virtual Private Networks mit DSL realisieren Der richtige Draht zum Firmennetzwerk
aus Computerwoche, 06.06.2003, Nr. 23, S. 18

(3) Sicher kommunizieren Zu günstigen Preisen sichern neue Systeme den Fernzugriff auf die Unternehmens-EDV ab. Was die Technik leistet.
aus Impulse vom 01.06.2003, Seite 112

(4) IP VPN als interne Verbindung von Unternehmen Die Zukunft betrieblicher Kommunikation liegt in virtuellen privaten Netzwerken Von Peter J. Moebius *
aus Neue Zürcher Zeitung, 08.04.2003, Nr. 82, S. 70

(5) Kommunikation
aus Frankfurter Allgemeine Zeitung, 03.06.2003, Nr. 127, S. T6

(6) Rechnerabstürze unter Windows XP Centrino hat Probleme mit VPNs
aus Computerwoche, 06.06.2003, Nr. 23, S. 7

(7) KOSTENSENKUNG DURCH AUTOMATISIERUNG Beton-Einkauf ohne

Schwerstarbeit
aus IT Business, Heft 17/2003, S. 14

(8) VIRTUAL PRIVATE NETWORKS Unsichtbare
Remote-User finden mit Netilla sicher ins Netzwerk
aus IT Business, Heft 13/2003, S. 15

Impressum

Virtual Private Networks (VPN)

Bibliografische Information der deutschen Nationalbibliothek

Die Deutsche Nationalbibliothek verzeichnet diese Publikation in der deutschen Nationalbibliografie; detaillierte bibliografische Daten sind im Internet über http://dnb.d-nb.de abrufbar.

ISBN: 978-3-7379-0418-6

© 2015 GBI-Genios Deutsche Wirtschaftsdatenbank GmbH, Freischützstraße 96, 81927 München, www.genios.de

Alle Rechte vorbehalten. Dieses Werk ist einschließlich aller seiner Teile – z.B. Texte, Tabellen und Grafiken - urheberrechtlich geschützt. Jede Verwertung außerhalb der Grenzen des Urheberrechtsgesetzes bedarf der vorherigen Zustimmung des Verlags. Dies gilt insbesondere auch für auszugsweise Nachdrucke, fotomechanische Vervielfältigungen (Fotokopie/Mikroskopie), Übersetzungen, Auswertungen durch Datenbanken oder ähnliche Einrichtungen und die Einspeicherung und Verarbeitung in elektronischen Systemen.